IMPRIM'VERT
Votre imprimeur agit pour l'environnement

PEFC
10-31-2065
Certifié PEFC
pefc-france.org

Gallimard Jeunesse / Giboulées sous la direction de Colline Faure-Poirée et Hélène Quinquin. Mise en page : Syndo Tidori
© Éditions Gallimard Jeunesse 2014 - ISBN : 978-2-07-066232-6 - Numéro d'édition : 325764
Premier dépôt légal: octobre 2014 - Dépôt légal : septembre 2017
Loi n° 49956 du 16 juillet 1949 sur les publications destinées à la jeunesse - Imprimé en France par Pollina - 81790B

Bénédicte Guettier

L'ÂNE TROTRO

ET ZAZA FÊTENT NOËL

GALLIMARD jeunesse GIBOULÉES

C'EST BIENTÔT NOËL.
TROTRO ET ZAZA VONT
CHOISIR UN SAPIN
AVEC LEUR PAPA.

CELUI-LÀ EST TROP GRAND! DIT PAPA.

CELUI-CI N'EST PAS TRÈS BEAU ! DIT TROTRO.

PINPIN ! DIT ZAZA
EN TROUVANT UN SAPIN
TOUT À FAIT CHARMANT.

TROTRO, ZAZA ET LEUR PAPA
APPORTENT «PINPIN» À LA MAISON.
LE SAPIN EST TOUT CONTENT D'AVOIR
REÇU UN SI JOLI NOM.

POUR LE DÉCORER, TROTRO DÉCOUPE DES CŒURS DANS DU PAPIER BRILLANT ET ZAZA OUVRE UN PAQUET DE SUCRES D'ORGE ET DE BONBONS.

PUIS, ILS ACCROCHENT TOUT SUR LE SAPIN.
DOUCEMENT ! DIT PINPIN. ATTENTION DE
NE PAS FAIRE TOMBER MES ÉPINES !

IL EST MIGNON À CROQUER ! DIT TROTRO

BON PINPIN ! DIT ZAZA EN CROQUANT UN SUCRE D'ORGE.

C'EST VRAI QUE JE SUIS BEAU ! PENSE PINPIN.

MAINTENANT, ZAZA, IL FAUT ÉCRIRE UNE LETTRE AU PÈRE NOËL ! DESSINE TOUS LES CADEAUX QUE TU AIMERAIS RECEVOIR, DIT TROTRO À SA PETITE SOEUR.

LE PÈRE NOËL VA AVOIR BESOIN D'UN CAMIO

UR TRANSPORTER TOUT ÇA, PENSE PINPIN.

CE SOIR, C'EST LA VEILLÉE DE NOËL.
PAPA ET MAMAN ONT PRÉPARÉ UN BON REPAS.
ET POUR LE DESSERT, TROTRO ET ZAZA

ONT FAIT DES SABLÉS DE TOUTES LES FORMES.
COMME C'EST GAI ! RIT PINPIN, TRÈS HEUREUX D'ÊTRE LÀ !

APRÈS LE RÉVEILLON, PAPA LIT UN CONTE DE NOËL. C'EST L'HISTOIRE D'UN PETIT SAPIN QUI VEUT DEVENIR TRÈS GRAND, MAIS IL FINIT DANS LA CHEMINÉE...
C'EST TROP TRISTE! CRIE TROTRO ET PINPIN, QUE VA-T-IL DEVENIR APRÈS NOËL?

APRÈS NOËL, NOUS PLANTERONS PINPIN DANS LE JARDIN, PROMET PAPA EN POSANT SES SOULIERS SOUS LE SAPIN.

TROTRO, ZAZA ET PINPIN SONT RAVIS.

TROTRO ET ZAZA VONT SE COUCHER PRÈS DE PINPIN EN ESPÉRANT VOIR LE PÈRE NOËL.

JE VOUS RÉVEILLE QUAND IL ARRIVE, DIT PINPIN EN S'ENDORMANT.

ILS RÊVENT TOUS DU PÈRE NOËL.

C'EST LE MATIN, TROTRO ET ZAZA SONT TRÈS CONTENTS DE LEURS CADEAUX MÊME S'ILS N'ONT VU LE PÈRE NOËL QU'EN RÊVE. PAPA TIENT SA PROMESSE ET PLANTE PINPIN DANS LE JARDIN.

QUEL BEAU CADEAU DE NOËL! PENSE PINPIN.

CHIC! DIT TROTRO, AVEC PINPIN DANS LE JARDIN,
CE SERA UN PEU NOËL TOUTE L'ANNÉE!

Chair
Père
Noël